Steffen Raßloff

Barbarossa
Kaiser und Sagengestalt

Rhino Westentaschen-Bibliothek
Band 88

Kaiser Friedrich I. Barbarossa
(Kolorierter Kupferstich von 1847)

Steffen Raßloff

Barbarossa

Kaiser und Sagengestalt

RHINOVERLAG

Trotz gewissenhafter Bearbeitung kann eine Haftung für den Inhalt nicht übernommen werden. Für aktuelle Ergänzungen und Anregungen ist der Verlag jederzeit dankbar. Wir bedanken uns bei allen, die uns unterstützt haben.

Fotos: Dr. Steffen Raßloff, außer: Seite 2: Christian Siedentopf, Kolorierter Kupferstich, 1847; Seite 9: Markus Schweiß (CC-BY-SA3.0); Seite 13: Andreas Kieser, um 1685; Seite 14/15: Dr. Eugen Lehle (CC-BY-SA3.0); Seite 16: aus der Chronica Regia Coloniensis (Kölner Königschronik), Köln, um 1240; Seite 18: Montecappio (CC-BY3.0); Seite 21: (Gryffindor) CSvBibra; Seiten 23, 33: © CEphoto, Uwe Aranas; Seite 25: WikiABG (CC-BY-SA 2.5); Seite 26: Miniatur aus der Welfenchronik (Kloster Weingarten, 1179–1191), Landesbibliothek Fulda; Seite 29: Brunswyk (CC-BY-SA3.0); Seite 35: Eva Sherpa; Seite 39: Alphathon /ˈælfə.θɒn/ (CC-BY-SA4.0); Seite 41: Miniatur aus einer Handschrift von 1188, Vatikanische Bibliothek; Seite 43: Klaus-Peter Simon (CC-BY-SA3.0); Seite 44: aus De arte venandi cum avibus, sog. Manfred-Handschrift, spätes 13. Jahrhundert, Vatikanische Bibliothek; Seite 50: Mazbln (CC-BY-SA 3.0); Seite 53: Carl Bart; Seiten 54, 57, 79, 80: Anette Cotta; Seiten 87, 88:Lutz Gebhardt; Seite 64: AxelHH; Seite 66: Geak; Seite 69: © Vincent Eisfeld / nordhausen-wiki.de (CC-BY-SA4.0); Seite 71: M_H.DE (CC-BY 3.0); Seiten 58/59: Heiko Kolbe; Seite 82: Detroit Publishing Co., Detroit, Michigan; Seite 85: Jessica Vogel, Bildarchiv Barbarossahöhle; Rückseite: Kaiser Friedrich Barbarossa Münze 1152–1190,Fundort Nijmegen; Numisantica (CC-BY-SA 3.0)

Der Autor Dr. Steffen Raßloff wirkt als Historiker und Publizist in Erfurt.

Impressum

© 2021 RhinoVerlag Dr. Lutz Gebhardt & Söhne GmbH & Co. KG
Am Hang 27, 98693 Ilmenau
Tel. : 03677/46628-0, Fax: 03677/46628-80
www. RhinoVerlag. de

Titelbild: **Kyffhäuserdenkmal; fotograupner**
Layout, Satz: Ute Schmidt, Geraberg
Schrift: Aldine401 BT
Titelgestaltung: Jana Rogge, Weimar

1. Auflage 2021

ISBN: 978-3-95560-088-4

Inhaltsverzeichnis

Barbarossa und des Reiches Herrlichkeit

Der Staufer Friedrich I., seit 1152 deutscher König und seit 1155 Kaiser des Heiligen Römischen Reiches, gilt bis heute als *die* mittelalterliche Herrschergestalt. Seine außergewöhnlich lange und erfolgreiche Herrschaft tauchte das Bild des rotbärtigen Monarchen, den zuerst die Italiener Barbarossa (= Rotbart) nannten, rasch in ein verklärtes Licht. Der nach ihm beginnende Verfall der kaiserlichen Zentralgewalt hat hierzu ebenso beigetragen, wie der legendenumwobene Tod auf dem Kreuzzug 1190.

Der Staufer war machtbewusst, taktisch klug und auf die Würde von Kaiser und Reich bedacht. *Honor Imperii*, die Ehre des Reiches, war einer der zentralen Begriffe, der in zahlreichen Urkunden und Verträgen den Anspruch Barbarossas spiegelt. Mit den großen Fürsten des Reiches verstand sich der einstige Herzog von Schwaben zu arrangieren, schreckte aber auch vor Machtkämpfen nicht zurück.

Die spektakulärste Auseinandersetzung war die mit seinem langjährigen Vertrauten Heinrich der Löwe aus dem Geschlecht der Welfen. 1181 musste sich der Herzog von Sachsen und Bayern dem Kaiser unterwerfen und verlor seine einzigartige Machtstellung. Auch gegenüber dem Papst, der ihn in Rom zum Kaiser gekrönt hatte, beanspruchte Barbarossa seinen Status als weltlicher Schutzherr der Christenheit.

An das Wirken des glanzvollen Kaisers erinnern viele Orte im einstigen Reich, das noch keine feste Hauptstadt kannte. Das mittelalterliche Kaisertum mit seinem Hof musste durch stetiges Umherziehen an ständig wechselnden Orten Präsenz zeigen. Hierzu dienten eigene Pfalzen und Burgen, aber auch große Klöster, Städte oder Adelssitze, die den Kaiser und seinen Tross aufwändig zu beherbergen hatten. Diese Reiseherrschaft ging weit über das heutige Deutschland hinaus. Barbarossa war als Kaiser auch König von Burgund und Italien. In langjährigen Auseinandersetzungen mit den lombardischen Städten und mit dem Papst in Rom versuchte er die Hoheit von Kaiser und Reich in Italien demonstrativ durchzusetzen.

Der spätere Niedergang des alten Reiches gipfelte in der Auflösung während der napoleonischen Epoche 1806. Der 1815 gegründete Deutsche Bund entsprach nicht den Vorstellungen der Nationalbewegung. Diese griff auch die Sage von Barbarossa auf, der im Kyffhäuser schlafe, um einst zurückzukehren und das Reich der Deutschen wieder zu einen.
Ursprünglich hatte sich die Sage vom schlafenden Kaiser auf Barbarossas Enkel Friedrich II. und andere Berge bezogen, nahm aber nun durch Gelehrte und Sagensammler wie die Gebrüder Grimm ihre endgültige Gestalt an. 1817 gab ihr Friedrich Rückert mit seinem vertonten Gedicht »Der alte Barbarossa« die populärste Form vom schlafenden Kaiser im Kyffhäuser mit seinem Bart aus »Feuersglut«, der einst des »Reiches Herrlichkeit« wiederherstellen wird. Nach der Reichsgründung 1871 stieg Barbarossa zu *dem* Nationalmythos auf. Jetzt galt es, das neue Kaiserhaus der Hohenzollern in seine Tradition zu stellen.

Barbarossa am Kyffhäuserdenkmal unter der Reiterstatue Wilhelms I.

Das 1896 eingeweihte Kyffhäuserdenkmal bringt dies monumental zum Ausdruck. Der preußische König und Deutsche Kaiser Wilhelm I. habe die Mission Barbarossas erfüllt, so die Botschaft des neben dem Völkerschlachtdenkmal in Leipzig größten Nationaldenkmals in Deutschland.
Die nationalistischen Tendenzen des Barbarossa-Kultes gipfelten im Dritten Reich. Durch die Bezeichnung »Unternehmen Barbarossa« für den Überfall auf die Sowjetunion 1941 wurde der Name des Kaisers eng mit den Verbrechen der Nationalsozialisten verknüpft. Diese Instrumentalisierung ist einer differenzierten wissenschaftlichen Aufarbeitung gewichen.
Heute ist der Kyffhäuser mit der einstigen Reichsburg der Stauferzeit und dem Nationaldenkmal der wichtigste historische Erinnerungsort an Barbarossa. Rund um das landschaftlich reizvolle Mittelgebirge im Norden Thüringens mit der Barbarossastadt Bad Frankenhausen hat sich eine vielfältige kulturell-touristische Infrastruktur herausgebildet. Die Sage vom im Berg schlafenden Kaiser greift neben dem Denkmal die nahe Barbarossahöhle auf.

Der Kaiser

Staufer und Schwabe

Friedrich Barbarossa war ein Spross des schwäbischen Adelsgeschlechtes der Staufer. Dessen Name entstammt wie in vielen anderen Fällen der Stammburg, der Burg Hohenstaufen in der Schwäbischen Alb bei Göppingen. In dieser reizvollen Landschaft im heutigen Baden-Württemberg nahe Stuttgart konnte sich das Geschlecht, das möglicherweise ursprünglich aus dem Elsass stammte, seit dem 10. Jahrhundert eine solide Herrschaft aufbauen. Neben Burgen und weiteren Besitzungen gehört das Kloster Lorch als geistliches Zentrum zu den wichtigen Erinnerungsorten.

Der rasante Aufstieg der Staufer begann mit der ersten sicheren urkundlichen Erwähnung 1079. In diesem Jahr erhob der salische König Heinrich IV. Barbarossas Großvater Friedrich I. zum Herzog von Schwaben. Als wichtigem Verbündeten der Salier im Süden Deutschlands gab er Friedrich zudem seine Tochter Agnes von Waiblingen zur Frau. Hintergrund der Ernennung war unter anderem die bedrängte Lage des Königs in den Wirren des Investiturstreites mit dem Papst. Hierbei ging es um das Recht der Einsetzung der Bischöfe. Darüber hinaus stand die grundsätzliche Frage des Vorrangs von weltlichem oder geistlichem Oberhaupt der Christenheit, von Kaiser oder Papst, im Raum, die auch Barbarossa später intensiv beschäftigen sollte.

Friedrich I. war zugleich Begründer der Stammburg Hohenstaufen und Stifter des Benediktinerklosters Lorch als Hauskloster der Familie. Die Burg Hohenstaufen zieht heute als malerische Ruine zahlreiche Besucher an. Am Fuße des gleichnamigen Berges im Göppinger Stadtteil Hohenstaufen macht eine Ausstellung jenes Zeitalter lebendig, dem der Staufen seinen Namen gab. In der imposanten Klosteranlage Lorch wird das staufische Erbe ebenfalls bis hin zum großen Staufer-Rundbild von Hans Kloss im Kapitelsaal lebendig gepflegt.

Barbarossas Vater Friedrich II. war von

1105 bis 1147 Herzog von Schwaben. Nach dem Tode des letzten Salier-Kaisers Heinrich V. ohne männliche Nachkommen im Jahre 1125 musste sich der Staufer noch dem sächsischen Herzog Lothar von Supplinburg bei der Königswahl beugen, obwohl er mit der Schwester des verstorbe-

Burg Hohenstaufen bei Göppingen (Zeichnung von 1685)

nen Kaisers verheiratet war. Mit Friedrichs Bruder Konrad III. stiegen die Staufer dann 1138 erstmals zum römisch-deutschen König auf. Dies war der Beginn der, in der historischen Rückschau, wohl glanzvollsten Herrscherdynastie des Mittelalters.

Die Bezeichnung der Familie als Staufer ist jedoch eher eine Zuweisung der Geschichtsschreibung des ausgehenden Mittelalters. Das aufstrebende schwäbische Adelsgeschlecht betonte gegenüber der eigenen, vergleichsweise bescheidenen, Herkunft als Reichsfürsten sehr viel mehr die enge Verwandtschaft zum angesehenen alten Königs-

haus der Salier. Barbarossa kehrte gerne die enge dynastische Bindung durch seine Großmutter Agnes hervor. Er bezog sich später als Kaiser in Urkunden mehrfach auf den ersten Salier Konrad II. (reg. 1024–1039) als seinen wichtigsten Vorfahren.

Barbarossas Eltern wiederum standen für die Verbindung mit dem konkurrierenden süddeutschen Geschlecht der Welfen. Während der Vater Friedrich II. als Sohn Friedrichs I. staufischer Herzog von Schwaben in zweiter Generation war, so ent-

---

Kloster Lorch

CVNRADVS · REX

stammte seine Mutter Judith als Tochter des bayrischen Herzogs Heinrich der Schwarze den mächtigen Welfen, die mit zu den ältesten Hochadelsgeschlechtern zählten und bis heute zählen.

Wie für das frühe und hohe Mittelalter nicht untypisch, lassen sich Barbarossas Geburtsort und -jahr nicht sicher angeben. Meist genannt werden 1122 und die einstige elsässische Reichsstadt Hagenau. Er erhielt mit Waffenhandwerk, Reiten und Jagen die übliche Ausbildung eines hohen Adligen. Nach dem Tode seines Vaters 1147 übernahm er das schwäbische Herzogsamt. Als Nachfolger seines Onkels König Konrad III. schien er eher nicht in Frage zu kommen, besaß dieser doch legitime Söhne. So lernte der junge Friedrich weder Lesen und Schreiben, noch gar die seinerzeit universale Bildungssprache Latein.

Barbarossas Onkel Konrad III. war der erste Staufer auf dem Königsthron

KÖNIG UND KAISER

Aus dem Zerfall des um 800 große Teile Europas umfassenden Frankenreiches Karls des Großen hatte sich im Verlaufe des 9. Jahrhunderts ein westfränkisch-französisches und ein ostfränkisch-deutsches Reich entwickelt. Als erste deutsche Königsdynastie im engeren Sinne gelten die Ottonen von 919 bis 1024. Ihnen folgten von 1024 bis 1125 die Salier und von 1125 bis 1137 Lothar von Supplinburg, ehe mit Barbarossas Onkel Konrad III. der erste Staufer auf den Königsthron gelangte. Konrad besaß mehrere Söhne. Allerdings verstarb der Älteste Heinrich als möglicher Thronfolger bereits 1150. Sein jüngerer

Cappenberger Barbarossakopf, um 1160

Bruder Friedrich von Rothenburg (geb. 1145) war zwar noch minderjährig, hätte aber durchaus die Nachfolge seines Vaters antreten können. Auch wenn es kein verbrieftes Recht auf die Vererbung der von den großen Reichsfürsten durch Wahl verliehenen Königswürde an den Sohn des verstorbenen Regenten gab, so war dies doch bisher in vielen Fällen praktiziert worden.

Nach dem Tode Konrads 1152 konnte sich jedoch der junge Schwabenherzog Friedrich, der sich viel am Hofe Konrads aufgehalten hatte, durch energisches Zupacken und Gewinnung von einflussreichen Unterstützern aus den Reihen der Reichsfürsten die Nachfolge seines Onkels sichern. Es war nicht zuletzt seine doppelte Herkunft aus den beiden mächtigen, in den Jahrzehnten zuvor heftig konkurrierenden Adelsgeschlechtern der Staufer und Welfen, die ihn als Kandidaten empfahl.

Tatsächlich verstand es der neue König rasch, die Interessen der großen Fürsten untereinander und im Verhältnis zum Reichsoberhaupt auszubalancieren. Barbarossa war pragmatisch, aber zugleich auch machtbewusst und auf die Würde seiner Stellung bedacht. Das ließ seine fast vier Jahrzehnte währende Herrschaft im Nachhinein als besonders erfolgreich und glanzvoll erscheinen. König bzw. Kaiser Barbarossa mit den Insignien seiner Macht, mit Krone, Zepter, Reichsapfel und weiteren, heute in der Wiener Hofburg aufbewahrten Reichskleinodien, verkörpert sinnbildlich das mittelalterliche Reich auf dem Höhepunkt seiner Entwicklung.

Honor Imperii, die Ehre des Reiches, war Barbarossas oberste Maxime. Hierzu gehörte auch die Krönung zum Römischen Kaiser durch den Papst in Rom 1155. Seit der Kaiserkrönung Karls des Großen 800 war in den Augen der Zeitgenossen die Tradition des antiken Römischen Reiches auf die fränkischen Herrscher im Norden übergegangen. 962 erneuerte König Otto der Große diese Praxis durch seine Kaiserkrönung in Rom für das ostfränkisch-deutsche Reich. Fortan sahen sich die gewählten deutschen Könige als Herrscher des Heiligen Römischen Reiches und strebten wie Barbarossa nach der Kaiserkrönung in Rom. Die stolze Traditionslinie bis zurück auf Karl den Großen wurde mit der Heiligsprechung Karls 1165 unterstrichen. Im 16. Jahrhundert rückten die Herrscher dann mit der Wahl durch die Kurfürsten und die Krönung in Frankfurt am Main ohne Romzug zu römisch-deutschen Kaisern auf. Das seit dem 15. Jahrhundert »Heilige Römische Reich Deutscher Nation« bestand bis 1806.

Reichskrone in der Wiener Hofburg

Die Herrschaft des mittelalterlichen Königs bzw. Kaisers unterschied sich stark von unseren heutigen Staatsvorstellungen. Der Monarch war Oberhaupt eines kaum institutionalisierten Personenverbandes auf Grundlage des Lehnsrechtes. Das heißt, er verlieh als oberster Lehnsherr Grundbesitz und Ämter an seine Kronvasallen, die Herzöge, Grafen und Bischöfe. Diese waren ihm im Gegenzug zu Treue, zu Hof- und Heeresdiensten verpflichtet. Wichtige Fragen des Reiches wurden auf regelmäßigen Hoftagen mit den großen Reichsfürsten beraten. Jene Hoftage dienten auch zur Demonstration von Reichtum, Pracht und Kultur als wichtige Elemente kaiserlicher Herrschaft. Der Mainzer Hoftag zu Pfingsten 1184 ragte hierbei heraus. Bis zu 20.000 Besucher samt der meisten großen Reichsfürsten – sechs Erzbischöfe, neunzehn Bischöfe, zwei Reichsäbte, neun Herzöge, vier Markgrafen, drei Pfalzgrafen und der Landgraf von Thüringen – stellten für das Mittelalter eine außergewöhnliche Zahl dar. Die Vergnügungen mit Ritterturnier und Gesang wurden schon von den Zeitgenossen als ein Höhepunkt höfisch-ritterlicher Kultur wahrgenommen.

Die Macht des Reichsoberhauptes ruhte stark auf dessen persönlicher Präsenz. Der Kaiser zog deshalb mit seinem mehrere hundert Menschen umfassenden Hof bis auf wenige längere Aufenthalte ständig im Reich umher. Als Anlaufpunkte dienten ihm die königlichen Pfalzen, aber auch große Klöster, Städte oder Adelssitze, die diese starke Belastung freilich nur eine begrenzte Zeit bewältigen konnten. Man spricht deshalb auch

---

Aachener Dom: Barbarossa wurde hier 1152 zum König gekrönt

von der mittelalterlichen Reiseherrschaft ohne eine Hauptstadt im modernen Sinne.

Manche Orte besaßen allerdings eine besondere Bedeutung, wie der traditionelle Krönungsort Aachen, wo auch Barbarossa 1152 im altehrwürdigen Dom Karls des Großen zum König gekrönt wurde. Häufiger als andernorts weilte er in Goslar, Erfurt, Kaiserswerth, Kaiserslautern, Ingelheim, Hagenau, Regensburg, Ulm und Konstanz. Zugleich versuchte der Kaiser, der wachsenden Macht der Reichsfürsten durch kaiserlichen Besitz ein Gegengewicht zu setzen. So baute er das Reichsland Pleißenland mit Altenburg aus. Hieran erinnern in der ostthüringischen Residenzstadt die »Roten Spitzen« der einstigen Marienkirche als bedeutsames Kulturdenkmal der Stauferzeit.

Wie alle Adelsgeschlechter war Barbarossa auch bestrebt, die Herrschaft der Staufer über seinen eigenen Tod hinaus zu sichern. Für den Aufbau einer Dynastie legte er mit einer großen Kinderschar den Grundstein. Seine zweite Gattin Beatrix von Burgund, mit der er von 1156 bis zu deren Tod 1184 fast drei Jahrzehnte wohl recht glücklich verheiratet war, schenkte ihm elf Kinder, darunter acht Söhne. Da der älteste Sohn Friedrich (geb. 1164) von kränklicher Konstitution war, rückte der zweite Sohn Heinrich (geb. 1165) zum potenziellen Nachfolger auf. Tatsächlich sollte dieser nach Barbarossas Tod als Heinrich VI. das Werk des Vaters erfolgreich fortsetzen.

Altenburg mit den »Roten Spitzen« Der Doppelturm gehörte zur ehemaligen Marienkirche.

Inmedio plis residet pater IMPERIALIS

HEINRICH DER LÖWE

Die Konkurrenz der beiden großen Adelsgeschlechter der Staufer und Welfen reicht weit vor die Zeit Barbarossas zurück. So musste sich dessen Vater 1125 bei der Königswahl dem sächsischen Herzog Lothar von Supplinburg beugen, der mit den Welfen verbündet war. Umgekehrt gaben sich nach 1138 die Welfen nicht mit der Wahl von Barbarossas Onkel Konrad III. zum König zufrieden, was immer wieder zu blutigen Auseinandersetzungen führte.

Die Wahl Barbarossas zum König 1152 als Sohn eines Staufers und einer Welfin schien die Beziehungen dann zu entspannen. Überhaupt gelang es dem Reichsoberhaupt, bei allem Machtbewusstsein einen Interessenausgleich mit den Großen des Reiches zu erlangen. Das gespannte Verhältnis zu den Welfen konnte er durch die lange Zeit großzügige Förderung seines Vetters Heinrich der Löwe verbessern.

Barbarossa und seine Söhne Heinrich und Friedrich (Welfenchronik, 1179–1191)

Heinrich der Löwe erlangte so eine herausragende Position unter den Reichsfürsten. Grundlage seiner Machtstellung waren die von seinem Vater Heinrich dem Stolzen ererbten Herzogtümer Sachsen und Bayern. Gegen Barbarossas Onkel Konrad III. hatte er sich das zeitweise aberkannte Sachsen zurückerkämpft; Barbarossa ließ ihm nach seiner durch den Welfen unterstützten Königswahl 1156 auch Bayern wieder zukommen, von dem Österreich als eigenes Herzogtum abgetrennt wurde.

Unter Rückendeckung des Reichsoberhauptes betrieb Heinrich eine aggressive Erwerbspolitik. Er verprellte dabei viele Adlige aus seinem Herrschaftsbereich, eignete sich deren Güter und Rechte an. Dies betraf insbesondere das Herzogtum Sachsen, das im Wesentlichen dem heutigen Niedersachsen entsprach. Repräsentativer Mittelpunkt seiner Besitzungen wurde die Residenz Braunschweig mit der Burg Dankwarderode, vor der 1166 die berühmte bronzene Löwenplastik zur Aufstellung kam.

Lange dankte Heinrich die Förderung mit loyaler Haltung gegenüber dem Kaiser, den er bei vielen

Konflikten rückhaltlos unterstützte. Bei Kriegszügen, allen voran den zahlreichen aufwändigen Italienzügen, stand er seinem kaiserlichen Verwandten tatkräftig und mit großem Aufgebot zur Seite. So tat er sich etwa bei der Niederschlagung eines Aufstandes der römischen Bürgerschaft

---

Braunschweiger Löwe vor der Burg Dankwarderode (1166)

während des Aufenthaltes Barbarossas zur Kaiserkrönung in Rom 1155 hervor.

Allerdings verschlechterte sich nach gut zwei Jahrzehnten das enge Vertrauensverhältnis des Kaisers zum mächtigen Doppelherzog, wozu dessen zahlreiche Gegner um Erzbischof Philipp von

Unterwerfung Heinrichs des Löwen vor Barbarossa 1181, Wandbild im Erfurter Rathausfestsaal

Köln beitrugen. 1176 verweigerte Heinrich laut nicht unumstrittener Überlieferung trotz dringlicher Bitten Barbarossas – sogar von einem Fußfall ist die Rede – weitere militärische Unterstützung in Italien. Der Kaiser schenkte nun den Klagen vieler Adliger gegen den »hochfahrendsten und rücksichtslosesten fast aller Menschen« Gehör, so ein zeitgenössischer Chronist.

Als Heinrich zwei Ladungen zu Hoftagen in Worms und Magdeburg 1179 nicht nachkam, ließ sich der offene Konflikt nicht mehr vermeiden. Die klare Missachtung von Kaiser, Königsgericht und Fürsten stellte die Ehre des Reiches massiv in Frage. Der selbstbewusste Löwe musste sich angesichts des fehlenden Rückhalts im Adel nach zunächst erfolgreichen Kämpfen schließlich beugen. Seine beiden Herzogtümer wurden ihm aberkannt und unter andere Fürsten aufgeteilt. Die symbolische Unterwerfung erfolgte 1181 im Petersklosſter in Erfurt, einer der aufstrebenden Städte des Reiches und mehrfacher Aufenthaltsort des Kaisers.

KAMPF UM ITALIEN

Der gewählte deutsche König und vom Papst in Rom gekrönte Kaiser des Heiligen Römischen Reiches war zugleich auch König von Italien (und des Burgund). Karl der Große hatte das Königreich der Langobarden in Norditalien erobert, das fortan als Teil des Reiches galt. Otto der Große erneuerte nach seiner Erhebung zum Kaiser 962 den Anspruch auf die Lombardei für das ostfränkisch-deutsche Reich. Zugleich verstanden sich die Kaiser ebenfalls in Anknüpfung an Karl und Otto als Verteidiger der römischen Kirche.

Barbarossas unmittelbare Vorgänger hatten sich allerdings kaum in Italien aufgehalten. Die aufblühenden lombardischen Handelsstädte um die große Metropole Mailand pflegten, untereinander durchaus in heftiger Konkurrenz, ein zunehmendes Selbstbewusstsein und regelten ihre Angelegenheiten selbstständig. Zugleich entwickelten die Päpste in Rom, die mit dem Kirchenstaat über ein eigenes Herrschaftsgebiet in Mittelitalien verfügten, als geistliche Oberhäupter einen Führungsanspruch über die westliche Christenheit, der tendenziell mit den Ansprüchen des Kaisers kollidierte. Die von Barbarossa seit seinem ersten Italienzug 1154/55 angestrebte Durchsetzung der Herrschaft des Reiches sowie der kaiserlichen Rechte und Einnahmen bot dementsprechend reichlich Konfliktpotenzial.

Der Mailänder Dom

In zahlreichen Italienzügen mit großen Ritterheeren und unterstützt von den großen Reichsfürsten versuchte er die vielbeschworene Ehre des Reiches durchzusetzen. Dabei ging er ebenso wie seine Gegner nicht zimperlich vor. Mailand musste sich wie andere opponierende Städte mehrfach dem Kaiser unterwerfen und wurde 1162 verwüstet. Die Macht des Papstes versuchte Barbarossa unter anderem durch Gegenpäpste auszuhöhlen. Freilich blieb die Herrschaft des Reiches in Italien trotz solcher Machtdemonstrationen brüchig und musste durch blutige Kämpfe ständig erneuert werden. Durchschlagender Erfolg blieb dennoch aus, zumal es auch reichlich Rückschläge gab. Barbarossas Leben stand auf dem Schlachtfeld mehrfach auf dem Spiel.

Im Ringen zwischen Kaiser und Papst kam es letztlich nur zu einem Patt. 1177 erkannte Barbarossa in Venedig nach langjähriger Unterstützung von dessen Gegenpäpsten mit Alexander III. einen seiner großen Gegenspieler in aller Form an. Alexander hatte Barbarossa zuvor sogar exkommuniziert und nahm ihn nun wieder in den Schoß der Kirche auf.

Auch gegenüber den norditalienischen Städten, die nach erfolgter Huldigung stets rasch wieder ihre eigenen Interessen verfolgten, musste er einlenken. Die Gründung der *Lega Lombarda*, des Lombardenbundes, 1167 hatte deren Schlagkraft erhöht. In der Schlacht von Legnano nahe

Engelsburg in Rom

FRIEDE
NOS
FREDERICUS DIVINA FAVEN
TE CLEMENTIA ROMANORUM
IMPERATOR AUGUSTUS ET
HENRICUS SEXTUS FILIUS EIUS
ROMANORUM REX AUGUSTUS
ET NOS PROCURATORES OPPIDORUM
MEDIOLANUM · BRIXIA · PLACE
NTIA · PERGAMO · VERONA · VICE
NTIA · PADUA · TERUISIO · MANTUA ·
FAVENTIA · BONONIA · MUTINA ·
REGIO · PARMA · LAUDA · NOV
ARIA · VERCELLO · PAPIA · CREM
ONA · CLIMA · TERDONA · IANUA
ASTE · CESAREA · ET CETERA
APUD CONSTANTIAM ANNO
DOMINI MCLXXXIII

Mailand 1176 erlitt Barbarossa eine entscheidende Niederlage gegen den Städtebund. Im Frieden von Konstanz 1183 erkannte er schließlich die Autonomie der Kommunen unter der Oberhoheit des Kaisers an. Die Urkunde des zukunftsweisenden Friedensvertrages ist am Kaiserbrunnen in Konstanz in Bronze festgehalten worden.

Obwohl also Barbarossa mehr Zeit als jeder andere deutsche Kaiser mit aufreibenden Kämpfen in Italien verbrachte, konnte er dort keine umfassende und dauerhafte Herrschaft des Reiches etablieren. Darüber hinaus gehört es zur Tragik der Staufer, dass ihre Geschichte vier Generationen später in Süditalien ein Ende nehmen sollte.

Die Historiker des 19. Jahrhunderts waren sich über die Italienpolitik Barbarossas keineswegs einig. Hintergrund waren die Vorstellungen über den erstrebten Nationalstaat: kleindeutsch unter Führung Preußens oder großdeutsch mit Österreich, dessen Vielvölkerstaat sich auch über italie-

---

Friedensurkunde von 1183
am Kaiserbrunnen in Konstanz

nische Gebiete erstreckte. Die Debatten gipfelten vor der kleindeutschen Reichsgründung 1871 im Sybel-Ficker-Streit. Der großdeutsche Historiker Julius Ficker rechtfertigte die Italienzüge im Sinne der universalen Reichsidee, womit er der Vorstellungswelt Barbarossas wohl recht nahe kam. Sein kleindeutscher Kollege Heinrich von Sybel kritisierte sie dagegen als »unnational«. Die Italienzüge hätten den deutschen Kern des Reiches geschwächt: »Die Kräfte der Nation wurden für einen stets lockenden und stets täuschenden Machtschimmer im Süden der Alpen vergeudet.« Diese Kritik trat dann freilich durch den raschen Aufstieg Barbarossas zum Nationalmythos des neuen Kaiserreiches in den Hintergrund.

HERZOGTUM POMMERN
PREUSSEN
MARKGRAFSCHAFT BRANDENBURG
KÖNIGREICH POLEN
MAZOVIEN
CUJAVIEN
HERZOGTUM SCHLESIEN
MEISSEN
KÖNIGREICH BÖHMEN
MGFT. MÄHREN
HERZOGTUM ÖSTERREICH
HERZOGTUM STEYERMARK
KÖNIGREICH UNGARN
HZM. KÄRNTEN
GFT. TIROL
KLEIN-BURGUND
SAVOIEN
DAUPHINÉ
GRAFSCHAFT PROVENCE
SLAVONIEN
KROATIEN
BOSNIEN
DALMATIEN
REPUBLIK VENEDIG
ADRIATISCHES MEER
LIGURISCHES MEER
KIRCHENSTAAT
CORSICA
SARDINIEN
TYRRHENISCHES MEER
KÖNIGREICH SICILIEN
HZM. APULIEN
CALABRIEN
SICILIEN
MEER

KREUZZÜGE UND TOD

Als Kreuzzüge gingen bewaffnete Pilgerfahrten der westlichen Christenheit in die Geschichte ein. Sie sollten die von den muslimischen »Ungläubigen« bedrohten Heiligen Stätten im Nahen Osten um Jerusalem schützen. Ihre Teilnehmer nahmen in der Nachfolge Christi »das Kreuz auf sich« und zogen unter diesem Zeichen gen Orient. Der Ansporn für die Kreuzfahrer von Hochadel und Rittern bis hin zu einfachen Kämpfern aus dem Volke bestand in dem vom Papst in Aussicht gestellten Ablass von Sündenstrafen und in erhoffter reicher Beute.

Über zwei Jahrhunderte waren die westlichen »lateinischen« Christen – im Gegensatz zu den östlichen »griechischen« Christen des Byzantinischen Reiches mit der Hauptstadt Konstantinopel (heute: Istanbul) – mit jenen aufwändigen und opferreichen Kriegszügen beschäftigt. 1096 startete der erste Kreuzzug, der 1099 zur blutigen Eroberung Jerusalems und der Errichtung des »lateinischen Königreiches Jerusalem« führte. Die Kreuzfahrerstaaten sahen sich fortan meist in der Defensive

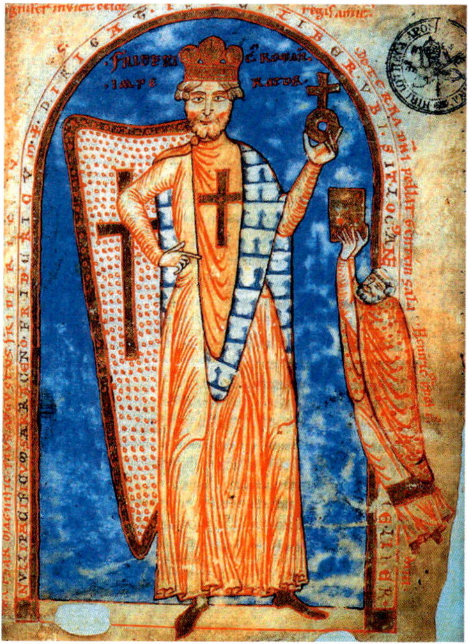

Barbarossa als Kreuzfahrer
(Handschrift aus dem Vatikan, 1188)

gegen die mächtig ausgreifenden muslimischen Seldschuken und Mamluken. 1291 fiel mit Akkon die letzte christliche Festung in Palästina.

Auch Barbarossa war an zwei Kreuzzügen beteiligt. Als junger Herzog von Schwaben zog er mit seinem königlichen Onkel Konrad III. in den Zweiten Kreuzzug 1147–1149. Dieses Unternehmen zur Entlastung der bedrängten Kreuzfahrerstaaten wurde durch den Verlust der Grafschaft Edessa 1144 angestoßen. Nach mehreren Niederlagen der Kreuzfahrer im Heiligen Land gegen die Seldschuken musste der an Malaria erkrankte König mit seinem Gefolge samt seines Neffen nach Deutschland zurückkehren, ohne einen durchschlagenden Erfolg verbuchen zu können.

Als Kaiser in bereits fortgeschrittenem Alter zog Barbarossa 1189 in den Dritten Kreuzzug. Zwei Jahre zuvor hatte Sultan Saladin als der große Gegenspieler der Kreuzfahrer Jerusalem erobert, was die westeuropäische Gemeinschaftsaktion unter anderem mit dem französischen König Philipp II.

und dem englischen König Richard Löwenherz auslöste. Allerdings blieb das Unterfangen letztlich erfolglos und Jerusalem unter Saladins Herrschaft. Barbarossa war mit einem riesigen Aufgebot von Tausenden von Rittern und Fußsoldaten samt Tross im Mai 1189 in Regensburg aufgebro-

Burg von Silifke und der Fluss Saleph/Göksu in der Südtürkei

Friedrich II. war der bedeutendste Kaiser der Staufer neben Barbarossa

chen. Über Ungarn, den Balkan und Konstantinopel erreichte er im Frühjahr 1190 Kleinasien, wo er in mehreren Schlachten über die Türken siegte. Dann kam es jedoch zum rasch von Legenden umwobenen Tode Barbarossas. Der erfahrene Schwimmer ertrank am Morgen des 10. Juni 1190 im Fluss Saleph (Göksu) nahe Seleukia (Silifke) in der heutigen Südtürkei. Da man seine Eingeweide und Knochen an verschiedenen, nicht mehr sicher belegten Stellen beisetzte, ist er der einzige römisch-deutsche König bzw. Kaiser mit unbekannter Grablege. Mutmaßliche Pläne, ihn angemessen in Jerusalem beizusetzen, scheiterten ebenso wie der ganze Kreuzzug.

Auf Barbarossa folgte mit seinem Sohn Heinrich VI. (1165–1197, seit 1169 König) noch einmal ein machtvoller Herrscher. Dieser erlangte durch seine Frau Konstanze von Sizilien 1194 sogar das normannische Königreich Sizilien mit Neapel, womit sich der staufische Herrschaftsbereich auf ganz Italien außer dem päpstlichen Kirchenstaat erstreckte. Nach Heinrichs Tod 1197 konkurrierten zunächst Barbarossas jüngster Sohn Philipp von Schwaben und der Welfe Otto von

Braunschweig um den Thron. 1212 setzte sich Barbarossas Enkel Friedrich II. (1194–1250) als König durch. Der Staufer galt als außergewöhnliche, intellektuell hochbegabte Persönlichkeit, was ihm den Titel *stupor mundi*, Staunen der Welt, einbrachte. Allerdings war der Sohn Heinrichs VI. stark in seiner süditalienischen Heimat verwurzelt. Die lange Abwesenheit von Deutschland beförderte das Erstarken der Territorialfürsten gegenüber der kaiserlichen Zentralgewalt.

Der Tod Friedrichs II. 1250 leitete das Ende der Staufer ein. Sein Sohn Konrad IV. konnte zwar noch bis 1254 als König die Dynastie fortsetzen, danach brach ihre Machtstellung im Reich endgültig zusammen. 1266 fiel auch das staufische Königreich Sizilien an Karl von Anjou. Konrads IV. Sohn Konradin scheiterte beim Versuch der Rückgewinnung und geriet in Karls Gefangenschaft. Mit der aufsehenerregenden Hinrichtung Konradins auf dem Markt von Neapel am 29. Oktober 1268 starb der letzte legitime Nachfahre Barbarossas.

Die Sagengestalt

Beginnende Verklärung

Der mit dem dramatischen Ende der Staufer einsetzende Niedergang des Reiches gipfelte zunächst im Interregnum 1254–1273 ohne wirklich herrschenden König bzw. Kaiser. Auch danach mussten die von den sieben Kurfürsten gegen erhebliche Zugeständnisse gewählten Könige den Reichsständen immer mehr Freiheiten einräumen. Im Ergebnis des Dreißigjährigen Krieges erlangten diese schließlich 1648 weitgehende Unabhängigkeit.

Hieraus erwuchs die Verklärung der Stauferzeit als Höhepunkt des mittelalterlichen Kaiserreiches mit den herausragenden Kaisern Friedrich I. Barbarossa und Friedrich II. Dies trug wiederum zum Entstehen einer der am weitesten verbreiteten Sagen im deutschsprachigen Raum bei. Grundlage war die auch in den Sagenkreisen anderer Länder zu findende Vorstellung, dass ein mächtiger Herrscher der Vergangenheit Ordnung und Gerechtigkeit wiederherstellen werde.

Zunächst übertrugen sich die Sehnsüchte im Volk auf Friedrich II., ehe dieser im ausgehenden Mittelalter von seinem Großvater Barbarossa verdrängt wurde. Als Ort, in dem er auf die Stunde der Rückkehr warten solle, wurden neben dem Kyffhäuser auch der Untersberg bei Berchtesgaden und ein Berg nahe der Pfalz Kaiserslautern genannt. Wesentlich zur Durchsetzung der Sage vom nicht gestorbenen, sondern im Kyffhäuser schlafenden Kaiser Barbarossa beigetragen haben

Untersberg bei Berchtesgaden

dessen legendenumwobener Tod auf dem Kreuzzug 1190 und die fehlende Grabstätte.
Die alte Sage wurde durch die Nationalbewegung des 19. Jahrhunderts aufgegriffen. Entstanden vor allem in den Befreiungskriegen gegen die napoleonische Fremdherrschaft, waren die zunächst überwiegend bürgerlich-liberalen Anhänger der Nationalbewegung mit der Gründung des Deutschen Bundes 1815 nicht zufrieden. Statt dieses losen fürstlichen Staatenbundes erstrebten sie ein einiges Vaterland.
Das alte, unter den Schlägen Napoleons 1806 untergegangene Kaiserreich rückte hierbei für viele zur verklärten Zukunftsvision auf. Diese ließ sich durchaus mit modernen Vorstellungen von »Einigkeit und Recht und Freiheit« verbinden, wie sie August Heinrich Hoffmann von Fallersleben in seinem »Lied der Deutschen« (1841) auf die bis heute gültige Formel gebracht hat. So erklärt es sich auch, dass Barbarossa zu einer der populärsten Sagengestalten der Deutschen auf dem Weg zum Nationalstaat aufrücken konnte.
Träger der Nationalbewegung war zunächst vor allem das Bildungsbürgertum. Seit der Weima-

rer Klassik in den Jahrzehnten um 1800 begann sich eine Kulturnation mit einer deutschen Hochsprache herauszubilden. Das Interesse der Dichter und Denker galt dabei auch der Volksüberlieferung. Zu den wichtigsten Märchen- und Sagensammlern gehörten die Brüder Jacob und Wilhelm Grimm. Als Gebrüder Grimm veröffentlichten sie von 1812 bis 1858 die »Kinder- und Hausmärchen«. Ihre Sammlung »Deutsche

---

Das Kyffhäusergebirge mit dem Kyffhäuserdenkmal in Thüringen

Sagen« (1816/18) hat »Friedrich Rothbart auf dem Kyfhäuser« in die deutsche Literaturgeschichte eingeführt.

Auch Spötter der bisweilen allzu deutschtümelnden und chauvinistischen Nationalbewegung wie Heinrich Heine kamen nicht an Barbarossa vorbei. Freilich nimmt der im Pariser Exil lebende Schriftsteller in seinem satirischen Versepos »Deutschland. Ein Wintermärchen« (1844) das alte »Ammenmärchen« als lächerlichen Anachronismus aufs Korn: »Das beste wäre, du bliebest zu Haus / Hier in dem alten Kyffhäuser – / Bedenk ich die Sache ganz genau, / So brauchen wir gar keine Kaiser.«

Solche Verballhornungen der Barbarossa-Sage waren aber eher die Ausnahme. Ihr Bild wurde vielmehr durch zahlreiche Erzählungen und Gedichte geprägt, die einen mehr oder weniger festen Sagenkern aufgreifen. Die vermutlich populärste Version stammt von dem Dichter und Sprachwissenschaftler Friedrich Rückert. Sein später vertontes Gedicht »Der alte Barbarossa« (1817) wurde gewissermaßen zum Idealtypus der Sage und gehörte zum Bildungskanon der Deutschen.

Der alte Barbarossa

von Friedrich Rückert (1817)

Der alte Barbarossa,
Der Kaiser Friederich,
Im unterirdschen Schlosse
Hält er verzaubert sich.

Er ist niemals gestorben,
Er lebt darin noch jetzt,
Er hat im Schloß verborgen
Zum Schlaf sich hingesetzt.

Er hat hinabgenommen
Des Reiches Herrlichkeit
Und wird einst wiederkommen
Mit ihr, zu seiner Zeit.

Der Stuhl ist elfenbeinern,
Darauf der Kaiser sitzt;
Der Tisch ist marmelsteinern,
Worauf sein Haupt er stützt.

Sein Bart ist nicht von Flachse,
Er ist von Feuersglut,
Ist durch den Tisch gewachsen,
Worauf sein Kinn ausruht.

Er nickt als wie im Traume,
Sein Aug halb offen zwinkt,
Und je nach langem Raume
Er einem Knaben winkt.

Er spricht im Schlaf zum Knaben:
Geh hin vors Schloß, o Zwerg,
Und sieh, ob noch die Raben
herfliegen um den Berg.

Und wenn die alten Raben
Noch fliegen immerdar,
So muß ich auch noch schlafen,
Verzaubert hundert Jahr.

Friedrich Rückert
(1788–1866)

Von großer Bedeutung für die Popularität Barbarossas war die weiterwachsende Beliebtheit von Sagen aus der mittelalterlichen Glanzzeit der Staufer. Das gilt allen voran für Thüringen, wo die Barbarossa-Sage mit dem Kyffhäuser endgültig ihren Mittelpunkt gefunden hatte. Jenes

Die Wartburg, Palas erbaut 1156–1162,
Sitz der sagenumwobenen Landgrafen von Thüringen

kleinstaatliche »Land der Residenzen« im Herzen Deutschlands mit seinen fürstlichen Herrscherhäusern in Weimar, Gotha, Meiningen, Altenburg, Sondershausen, Rudolstadt, Gera und Greiz blickte auf eine im wahrsten Wortsinne sagenhafte Vergangenheit zurück – die Herrschaft der ludowingischen Landgrafen von Thüringen (1131–1247).

Jene auf der Wartburg residierenden Fürsten gehörten nebst den nahezu zeitgleich herrschenden Staufern zu den mächtigsten und angesehensten des Reiches und waren mit Barbarossa verwandtschaftlich eng verbunden. Die Thüringer Landgrafen gehörten zudem zu den großen Profiteuren der Unterwerfung und Entmachtung Heinrichs des Löwen 1181 in Erfurt.

Die Ludowinger fanden auch in der Sagenwelt breiten Niederschlag. Die Sagen von Ludwig dem Springer, vom Bau des Klosters Reinhardsbrunn und der Wartburg, über den Schmied von Ruhla, den Sängerkrieg auf der Wartburg und die Heilige Elisabeth trugen nicht nur zum Gemeinschaftsbewusstsein der Thüringer wesentlich bei, sondern gehören zum nationalen Sagenschatz.

Einer der wichtigsten deutschen Märchen- und Sagensammler neben den Gebrüdern Grimm war der Meininger Schriftsteller Ludwig Bechstein. Mit seinem mehrfach aufgelegten und erweiterten »Thüringer Sagenbuch« (1835/38) hat er maßgeblich die Überlieferung befördert. Die große Machtstellung der Landgrafen und ihre Nähe zum staufischen Kaiserhaus werden dort immer wieder aufgegriffen.

So spielt eine der Sagen auf der Neuenburg bei Freyburg im Unstruttal, neben der Wartburg der glanzvollste Herrschaftssitz der Ludowinger. Dort habe Barbarossa 1171 bei einem Besuch seines Schwagers Landgraf Ludwig II. die zu geringe Stärke der Mauern der Burg bemängelt. Innerhalb einer Nacht soll darauf Ludwig seine gewappneten Gefolgsleute um die Burg versammelt haben, worauf der Kaiser anerkennend ausrief: »Treue Mannen sind die beste Mauer!«

Natürlich spielen auch der Kyffhäuser und Barbarossa eine wichtige Rolle in Ludwig Bechsteins Sagensammlung. Seine eingängige Erzählung »Kaiser Friedrich der Rotbart im Kyffhäuser« im »Thüringer Sagenbuch« hat der Sage neben den Gebrüdern Grimm und Friedrich Rückert die mit am weitesten verbreitete Form verliehen.

Doppelkapelle in der Neuenburg, die mit einer Sage um die Thüringer Landgrafen und Barbarossa verbunden ist.

Kaiser Friedrich der Rotbart im Kyffhäuser

Ludwig Bechstein
»Thüringer Sagenbuch« (1836)

Kaiser Friedrich der Rotbart unternahm einen Kreuzzug in das Heilige Land, dieses den Türken zu entreißen, von dem er nicht wieder heimkehrte. Und bald darauf entstand im Volk mancherlei Gerücht und Sage, dass er nicht, wie doch die Kunde war, gestorben sei, sondern noch lebe, und wiederkommen werde. So wurde gesagt, er sei in einen Berg verzückt und gebannt. Manche nennen den Untersberg bei Salzburg, andere einen Felsen bei Kaiserslautern, darin der Kaiser verzaubert sitzen soll. Am meisten aber wird der Kyffhäuser als solcher Berg genannt. Da hinein soll er sich selbst verflucht haben mit seiner Tochter und allem Hofgesinde bis zur Zeit seiner Wiederkehr. Da sitzt er nun im Bergschloss, umgeben von seinen Wappnern, in einer glänzenden Halle, an

einem güldenen Tisch und trägt auf dem Haupt eine alte güldene Krone. Des Kaisers roter Bart ist durch den Tisch gewachsen und reicht zweimal schon um den Tisch herum. Wenn er aber zum drittenmal herumreicht, dann wird der Kaiser heraufkommen, das Reich wieder behaupten, das Regiment bessern und das gelobte Land mit dem heiligen Grabe den Türken abgewinnen. Dann wird er seinen Schild hängen an den dürren Ast eines Birnbaumes, der auf dem Ratsfeld steht, und eine große Schlacht wird dann geschlagen werden, der Baum aber wird grünen und blühen. Auch schläft der Kaiser nicht, sondern er nickt und zwinkert mit den Augen, wie im Halbschlummer und alle hundert Jahre sendet er einen Zwerg hinauf zu schauen: ob die Raben noch um die alte Burgwarte von Kyffhausen fliegen? Wenn er nun wiederkommt und aussagt, dass sie noch fliegen, wird der alte Kaiser traurig wie zuvor und schlummert wieder fort. So haben ihn schon manche gesehen.

AUFSTIEG ZUM NATIONALMYTHOS

Nach der Gründung des Deutschen Kaiserreiches 1871 stieg die Sage endgültig zum Nationalmythos auf. Barbarossa ging hierbei eine enge Verbindung mit dem preußischen König und nunmehrigen Deutschen Kaiser Wilhelm I. (reg. 1871–1888) ein. Preußen hatte unter seinem Ministerpräsidenten Otto von Bismarck in drei »Reichseinigungskriegen« – Deutsch-Dänischer Krieg 1864, Deutscher Krieg gegen Österreich 1866, Deutsch-Französischer Krieg 1870/71 – die Reichseinigung mit »Blut und Eisen« realisiert.

Das Zusammenführen der beiden Kaiser Barbarossa und Wilhelm sollte symbolisch das alte Reich mit dem neuen preußisch-deutschen Nationalstaat verknüpfen und der neuen Kaiserdynastie der Hohenzollern in Berlin eine weit zurückreichende Traditionslinie verschafften. Die Botschaft lautete: Der beliebte »Reichsgründer« Wilhelm hatte zusammen mit seinem »Eisernen Kanzler« Bismarck den Barbarossa-Mythos erfüllt und das Reich im Kampf gegen den »Erbfeind«

Frankreich zu alter Herrlichkeit zurückgeführt.

Die Verknüpfung von *Barbarossa* (Rotbart) und *Barbablanca* (Weißbart) gewann nach dem Tode Kaiser Wilhelms I. 1888 weiter an Popularität und wurde von dessen Enkel, Kaiser Wilhelm II. (reg. 1888–1918), maßgeblich befördert. Mit dem Kyffhäuserdenkmal von 1896 fand der neue Barbarossa-Barbablanca-Mythos seinen monumentalsten baulich-künstlerischen Ausdruck. Er war aber auch an vielen anderen Orten in Deutschland zu finden.

Die beiden Kaiser waren etwa seit 1876 als überlebensgroße Sandsteinfiguren an der Fassade des Rathauses im nahen Erfurt zu finden. Die heutige Landeshauptstadt Thüringens befand sich in der Zeit Barbarossas auf dem Wege zu einer der großen Mittelaltermetropolen, wo 1181 die Unterwerfung Heinrichs des Löwen stattfand. Dieser große historische Moment ist auf einem der Wandbilder im Rathausfestsaal ebenfalls aus dem späten 19. Jahrhundert festgehalten worden.

Auch in der nach 1871 im historistischen Zeitgeist aufwändig rekonstruierten Kaiserpfalz Goslar, einem weiteren wichtigen Aufenthaltsort des Rei-

Figuren von Barbarossa und …

… Kaiser Wilhelm I. am Erfurter Rathaus

sekönigs Barbarossa, griff man den neuen Nationalmythos auf. Vor dem Kaiserhaus, einem der größten mittelalterlichen Repräsentationsbauten, errichtete man bronzene Reiterstandbilder von Barbarossa und Wilhelm I. Im Inneren kombinieren die von Hermann Wislicenus 1879–1897 geschaffenen Wandgemälde den Triumph des Hohenzollern mit großen Taten der Kaiser des alten Reiches. Hierbei tritt Barbarossa sowohl als erfolgreicher Kaiser, als auch als erwachende Sagengestalt im Kyffhäuser auf.

Kaiserpfalz Goslar

Für die Ruine der Burg Hohenstaufen, einstige Stammburg der Staufer, gab es bis in die jüngere Vergangenheit ebenfalls Pläne für ein Nationaldenkmal bzw. eine Rekonstruktion wie auf dem Kyffhäuser und in Goslar, die jedoch nicht verwirklicht wurden. Gleichwohl erhielten die schwäbischen Stammlande mit der »Straße der Staufer« und andere Orte mit engerem historischem Bezug zahlreiche Museen, Denkmäler, Gedenktafeln usw.

Der von Beginn an nationalistisch gefärbte Grundton des Barbarossa-Mythos gipfelte im Dritten Reich. Mit dem als »Unternehmen Barbarossa« bezeichneten Überfall auf die Sowjetunion 1941 begann ein rassistischer Vernichtungskrieg, der den Namen des Kaisers eng mit den NS-Verbrechen verband. Nach 1945 geriet die Sage so in Verruf. Viele Monumente verschwanden vor allem in der Sowjetischen Besatzungszone

bzw. DDR aus dem öffentlichen Raum. 1950 wurden etwa die Kaiser-Statuen am Erfurter Rathaus entfernt. In der alten Bundesrepublik und im 1990 vereinten Deutschland gab bzw. gibt es kaum solche Berührungsängste. Historische Erinnerungsorte wie der Kyffhäuser, Goslar und der Hohenstaufen entfalten nach wie vor eine hohe kulturell-touristische Anziehungskraft. Zugleich hat die Geschichtswissenschaft, etwa der umfangreiche Band »Friedrich Barbarossa. Eine Biographie« (2011) von Knut Görich, die immer wieder instrumentalisierte historische Persönlichkeit und Sagengestalt differenziert aufgearbeitet.

Stauferstele auf dem Hohenstaufen (2002)

Der rotbärtige Kaiser übt also trotz aller Wandlungen in der Erinnerungskultur eine ungebrochene Faszination aus und regt nach wie vor Künstler und Schriftsteller an. Historische Romane greifen den zugkräftigen Namen Barbarossa auf, aufwändige Film- und Fernsehproduktionen nähern sich dem Thema, wobei freilich bisweilen auch so manches längst überholte Klischee weitergetragen wird. Gerade die spärlichen Quellen aus dem 12. Jahrhundert, die eine Annäherung an den individuellen Menschen nahezu unmöglich machen, lassen bei alledem der Phantasie viel Raum. Eine der erfolgreichsten Adaptionen ist der Roman »Baudolino« (2000) des italienischen Publizisten Umberto Eco. In der Form des Schelmenromans erzählt er die Erlebnisse eines piemontesischen Bauernjungen, der 1154 als Dreizehnjähriger von Barbarossa adoptiert und an dessen Hof erzogen wird. Nach dem Studium in Paris steigt er zum Berater des Kaisers für Italien auf. Als Kreuzfahrer steuert er schließlich eine weitere abenteuerliche Version zum Tode Barbarossas 1190 bei.

REICHSBURG KYFFHAUSEN UND KYFFHÄUSERDENKMAL

Das Kyffhäuserdenkmal auf der einstigen Reichsburg Kyffhausen ist die monumentalste Verkörperung des Nationalmythos des Deutschen Kaiserreiches von 1871. Es verbindet sinnfällig die Sage vom im Kyffhäuser schlafenden Kaiser Barbarossa mit dem Hohenzollern-Kaiser Wilhelm I., der als »Reichsgründer« dessen Mission erfüllt habe. Das Denkmal entstand hierbei buchstäblich auf historischem Boden.

Seit der Zeit der Salier hatten die regionalen Herrscherhäuser in Thüringen wie auch in weiten Teilen des Reiches immer mehr an Macht gewonnen, was später in die charakteristische thüringische Kleinstaatenwelt münden sollte. Das kaiserliche Reichsoberhaupt suchte dagegen unter anderem durch den Bau von wehrhaften Burgen seine Position zu stabilisieren. Diese sollten zusammen

---

Blick vom Denkmal auf die Oberburg der Reichsburg Kyffhausen mit dem »Barbarossaturm«

mit Pfalzen und Reichsstädten ein Gegengewicht zur aufstrebenden Fürstenherrschaft bilden. Eindrucksvollstes Beispiel für die salisch-staufische Burgenpolitik ist die Reichsburg Kyffhausen auf dem Kyffhäusergebirge im Norden Thüringens. Die heutige Burgruine mit dem Denkmal aus dem späten 19. Jahrhundert liegt auf dem Gebiet der Gemeinde Kyffhäuserland mit Sitz in Bendeleben, deren Wappen stolz das Kyffhäuserdenkmal und Kaiser Barbarossa zeigt. In ihrer unmittelbaren Nachbarschaft befand sich die Pfalz Tilleda, im näheren Umfeld die Reichsstadt Nordhausen. Die Reichsburg auf dem exponierten Burgberg an der Nordostflanke des Kyffhäusers geht auf eine frühgeschichtliche Höhensiedlung und germanische Fluchtburg zurück. Ihr Name könnte so viel wie »Haus auf der Kuppe« bedeuten. Vermutlich hat der salische König Heinrich IV. die Burg errichtet, die 1118 erstmals unter der Herrschaft seines Sohnes Heinrich V. urkundlich erwähnt wird. In der Stauferzeit erlebte die imposante Höhenburg ihre Blütezeit. Sie gilt als eine der größten mittelalterlichen Burgen überhaupt.

Die eng mit der Burg verknüpfte Pfalz Tilleda am

nordöstlichen Fuße des Burgberges wiederum erinnert an das mittelalterliche Reisekönigtum. Sie ist eine der am besten erhaltenen und rekonstruierten Pfalzanlagen in Deutschland. Das Freilichtmuseum Königspfalz Tilleda vermittelt so eine anschauliche Vorstellung davon, wie auch Barbarossa und sein an die tausend Personen umfassender Hof auf Reisen untergebracht waren und versorgt wurden. Der Kaiser hat sich hier mindestens einmal nachweislich 1174 aufgehalten.

Freilichtmuseum Königspfalz Tilleda

Wappen der Gemeinde Kyffhäuserland

Obgleich ein Aufenthalt Barbarossas auf der Reichsburg Kyffhausen nicht sicher nachgewiesen ist, gilt er doch als wahrscheinlich. In jedem Falle bildet die lange Herrschaft des Staufers den Höhepunkt der Burggeschichte. Der als eindrucksvolle Ruine erhaltene, ursprünglich fast doppelt so hohe Bergfried der Oberburg erinnert hieran als »Barbarossaturm« ebenso, wie der mit 176 Metern tiefste Burgbrunnen der Welt, der um 1180 fertiggestellt wurde. Die romanische Anlage aus Oberburg, Mittelburg und Unterburg maß ca. 600 Meter in der Länge und 60 Meter in der Breite. Verwaltet und verteidigt wurde sie von Ministerialen des Kaisers. Teile dieser ursprünglich unfreien Beamtenschicht entwickelten sich später zum niederen Ritteradel.

Der Niedergang der Reichsburg setzte parallel zu dem der kaiserlichen Reichsgewalt nach der Stauferzeit ein. Im 15. Jahrhundert ist bereits in Chroniken vom »wüsten Schloss Kyffhausen« die Rede. Die einstige Burgenherrlichkeit kann man heute nur noch erahnen, wobei allein die gewaltige Ausdehnung beeindruckt. Die Mittelburg verschwand weitgehend durch einen Steinbruch, während die Ober- und Unterburg als Ruine erhalten blieben. Große Teile der Oberburg mussten freilich dem Denkmal weichen.

Die malerischen Ruinen in reizvoller Landschaft zogen ab dem 18. Jahrhundert immer mehr Besucher an. Besonders der Bergfried ist auf zahlreichen Bildern, Fotos und Postkarten als vor der Errichtung des Denkmals markantestes Bauwerk zu sehen. Um jenen Barbarossaturm flogen laut Sage die Raben, nach denen der Zwerg alle 100 Jahre zu schauen hatte.

Zu den vielen prominenten Künstlern, Wanderern und Naturfreunden, die den Kyffhäuser für sich entdeckten, zählte auch Johann Wolfgang von Goethe. 1776 bestieg der junge Stürmer und Dränger zusammen mit Herzog Carl August von

Sachsen-Weimar-Eisenach den Burgberg von Tilleda aus.
Die letzte Blüte der kaiserlichen Zentralgewalt in Thüringen während der Stauferzeit war auch der Ausgangspunkt für die spätere Verknüpfung des Kyffhäusers mit der Sage über Kaiser Barbarossa, der dort auf seine Rückkehr warten soll. Nachdem die Preußen 1871 das zweite Kaiserreich in drei Reichseinigungskriegen begründet hatten, entstand das vom Deutschen Kriegerbund angeregte Kaiser-Wilhelm-Nationaldenkmal für ihren obersten Kriegsherrn. Dieses gilt neben dem Völkerschlachtdenkmal in Leipzig als größtes Nationaldenkmal in Deutschland. Der Kriegerbund benannte sich 1900 in Kyffhäuser-Bund um.
Am 18. Juni 1896 konnte der Komplex nach Entwürfen von Architekt Bruno Schmitz durch Kaiser Wilhelm II. feierlich eingeweiht werden. Zu den rund 20.000 Gästen gehörten die meisten Fürsten des Reiches, prominente Zeitgenossen

---

Blick von der Unterburg zum Denkmal

aus Politik und Gesellschaft, Abordnungen der Kriegerverbände, aber auch die rund 400 Arbeiter, die das gewaltige Bauwerk in vergleichsweise kurzer Zeit seit 1890 errichtet hatten.

Postkarte vom Kyffhäuserdenkmal um 1900

Auf dem Gelände der ehemaligen Oberburg war ein 81 Meter hohes Denkmal aus dem rötlichen Sandstein der Region entstanden, das sich an die romanische Burgenarchitektur der Stauferzeit anlehnt. Sein markanter Turm ragt weit in die Landschaft und wird von einer Kaiserkrone gekrönt.

Am Sockel befindet sich eine Sandsteinfigur von Barbarossa, der gerade aus seinem jahrhundertelangen Schlaf im Kyffhäuser zu erwachen scheint. Darüber befindet sich ein bronzenes Reiterstandbild Kaiser Wilhelms I.

Das Denkmal verkörpert über den Barbarossa-Barbablanca-Mythos hinaus das trutzig-wehrhafte Selbstverständnis des Deutschen Kaiserreiches von 1871 bis 1918. Ähnlich wie die zahlreichen nach dem Tode des »Eisernen Kanzlers« 1898 errichteten Bismarcktürme steht es in seiner Kolossalität für historisch fundierte Unerschütterlichkeit.

Das auf die Germanen zurückgehende Geschichtsbild kommt etwa durch die Kriegerfigur neben dem Reiterstandbild Wilhelms I. zum Ausdruck. Auf der anderen Seite wird der Monarch von einer weiblichen Figur flankiert, die die Geschichte symbolisiert und eine Tafel mit »Sedan-Paris 1870« beschrieben hat. Die Wappen am Turm verkörpern die Gliedstaaten des föderalen Kaiserreiches unter anderem mit den vier Königreichen Preußen, Bayern, Württemberg und Sachsen.

Das Denkmal entfaltete sofort eine große touristische Zugkraft und war immer wieder Kulisse für Treffen von Kriegervereinen und nationalen Verbänden. So beging man am 16. Juni 1921 in

---

Denkmalturm mit dem Reiterstandbild Kaiser Wilhelms I.

Anwesenheit des Weltkriegshelden und späteren Reichspräsidenten Paul von Hindenburg das 25. Jubiläum. Die zunehmende Instrumentalisierung des Barbarossa-Mythos brachte jedoch nach dem Zweiten Weltkrieg auch das Kyffhäuserdenkmal in Verruf.

1945 war es die sowjetische Besatzungsmacht, die eine Zerstörung durch die Kommunisten verhin-

Erwachender Barbarossa am Sockel des Denkmals

derte – die Deutschen sollten vielmehr mit ihrer Geschichte und deren Denkmälern leben lernen. Dementsprechend wurde die Anlage in der DDR-Zeit nur historisch umgedeutet. So schuf man eine Ausstellung mit Zielrichtung gegen den »preußisch-deutschen Militarismus« und stattete die einst von den Kriegerverbänden genutzte Turmhalle 1969 mit dem Reliefzyklus »Kyffhäuser« von Martin Wetzel aus, der das sozialistische Geschichtsbild spiegelt.

Heute gehört das aufwändig sanierte Kyffhäuserdenkmal mit seinem gut erschlossenen touristischen Umfeld nach wie vor zu den beliebtesten Ausflugszielen in Thüringen. Hierzu trägt der Charakter als facettenreicher historischer Erinnerungsort mit Zeugen der mächtigen Reichsburg Kyffhausen maßgeblich bei. Ein Burgmuseum in der Oberburg und eine Ausstellung im Sockel des Kyffhäuserdenkmals bieten Informationen von Naturraum und Vorgeschichte bis hin zur jüngsten Historie.

Die Gastronomie reicht vom imposanten »Burghof Kyffhäuser« nach Entwürfen von Bruno Schmitz aus der Erbauungszeit des Denkmals am

Fuße der Anlage bis hin zum Bistro mit Museumsshop in der Oberburg. Natürlich wird am Kyffhäuser in der warmen Jahreszeit neben einem breiten Imbissangebot auch das Nationalgericht der Thüringer, die Rostbratwurst angeboten. Nicht zuletzt verschafft der grandiose Ausblick vom Turm des Denkmals über weite Teile des Landes vom Harz bis zum Thüringer Wald ein unvergessliches Erlebnis.

Gaststätte »Burghof Kyffhäuser« um 1900

BARBAROSSAHÖHLE AM KYFFHÄUSER

Die Sage vom im Kyffhäuser schlafenden Kaiser-Barbarossa greift neben dem Kyffhäuserdenkmal insbesondere die Barbarossahöhle auf. Sie befindet sich am Südwesthang des kleinsten Mittelgebirges Deutschlands. Die Höhle gehört dank der Kombination aus großartigem Naturerlebnis und sagenhaftem Bezug zu Barbarossa zu den zugkräftigsten touristischen Anziehungspunkten der Region. In den letzten Jahren wurde zudem ihr Umfeld mit modernem Empfangsgebäude und Erlebnisspielplatz aufgewertet sowie das Veranstaltungsprogramm ausgeweitet. Die Barbarossahöhle ist eine von nur zwei öffentlich zugänglichen Anhydrithöhlen auf der Welt und damit ein Muss nicht nur für Höhlenfreunde. Dem durch die Luftfeuchtigkeit zu Gips gewandelten Anhydrit verdankt sie ihre außergewöhnliche Formenvielfalt. Wie große Lappen hängen die sich ablösenden Gipsschichten von der Decke. Auf einem geführten Rundweg kann man das ausgedehnte Höhlensystem mit seinen weiten Hohlräumen, seinen

Grotten und kristallklaren, grün schimmernden Seen erkunden. Die 13.000 Quadratmeter große Höhle wurde erst 1865 bei Arbeiten für den Kupferschieferbergbau entdeckt. Schon ein Jahr später ging sie als Schauhöhle unter dem Namen Barbarossahöhle in Betrieb. Von Beginn an stand der Bezug zur Barbarossa-Sage mit dem im »unterirdschen Schlosse« sitzenden Kaiser neben der Erschließung und Präsentation der einzigartigen Höhle im Mittelpunkt. So errichtete man eigens aus großen Gesteinsblöcken im Höhlenabschnitt »Tanzsaal« den Tisch und Stuhl Barbarossas.

Barbarossahöhle - Tisch und Stuhl Barbarossas im »Tanzsaal«

BARBAROSSASTADT BAD FRANKENHAUSEN

Nur wenige Kilometer entfernt von der Barbarossahöhle und dem Kyffhäuserdenkmal befindet sich am Südhang des Kyffhäusers die Stadt Bad Frankenhausen. Das urbane Zentrum der Region mit 10.000 Einwohnern entfaltet heute den Charme einer beschaulichen Soleheilstadt mit der beliebten Kyffhäuser-Therme. Die lange Stadtgeschichte schlägt sich in der weitgehend erhaltenen Altstadt mit den Resten der einstigen Stadtbefestigung nieder, darunter der Hausmannsturm aus dem 13. Jahrhundert als Teil der einstigen Oberburg.

An die Residenz der Grafen und Fürsten von Schwarzburg erinnert das Schloss mit seinem Regionalmuseum, an die Entscheidungsschlacht im Bauernkrieg 1525 das Panoramamuseum Bad Frankenhausen. Der Rundbau mit dem monumentalen Wandgemälde »Frühbürgerliche Revo-

---

Der »schiefe Turm von Bad Frankenhausen«

lution in Deutschland« von Werner Tübke auf dem einstigen Schlachtfeld am Stadtrand zieht jährlich zehntausende Besucher an. In letzter Zeit rückte der aus dem Lot geratene Turm der Oberkirche als schiefster Kirchturm Deutschlands zum Wahrzeichen der Stadt auf.

Nicht zuletzt führt Bad Frankenhausen stolz den Beinamen Barbarossastadt. Diesen tragen auch

Panoramamuseum auf dem Schlachtberg

die vier weiteren Städte Sinzig, Kaiserlautern, Gelnhausen und Altenburg als einstige bedeutende Kaiserpfalzen bzw. Reichsstädte mit engem Bezug zum Staufer. Die Nähe zur Reichsburg Kyffhausen mit dem Kyffhäuserdenkmal und zur Barbarossahöhle war für Bad Frankenhausen ausschlaggebend. Dessen Stadtgebiet erstreckt sich heute bis unmittelbar südlich des Burgberges.
Seit dem 9. Jahrhundert ist die strategisch günstig gelegene Stadt sicher in den Urkunden belegt, von der aus heute an Stelle alter Handelswege die Bundestraße 85 das Gebirge nach Norden überquert. In der Zeit Barbarossas gehörte die fränkische Siedlungsgründung Frankenhausen den mächtigen askanischen Grafen von Weimar-Orlamünde und bildete damit gewissermaßen ein Gegenwicht zur kaiserlichen Höhenburg mit ihrer nahen Pfalz Tilleda.

Chronologie Staufer und Barbarossa

1079 Barbarossas Großvater wird als Friedrich I. Herzog von Schwaben; Heirat des Staufers mit Agnes, Tochter des salischen Königs Heinrich IV.

1105-1147 Barbarossas Vater Friedrich II. Herzog von Schwaben; Heirat des Staufers mit Judith aus dem Geschlecht der Welfen

1122 Barbarossa wird vermutlich im elsässischen Hagenau geboren

1138-1152 Barbarossas Onkel Konrad III. erster staufischer König

1147 Barbarossa wird nach dem Tod seines Vaters Herzog von Schwaben

1152 Wahl und Krönung Barbarossas zum deutschen König in Aachen; er soll als Sohn eines Staufers und einer Welfin die konkurrierenden Adelsgeschlechter versöhnen

1155 Krönung zum Kaiser in Rom; zahlreiche weitere Italienzüge zur Durchsetzung der Reichsherrschaft ohne nachhaltigen Erfolg

1181 Heinrich der Löwe, mächtiger Welfen-Herzog von Bayern und Sachsen, muss sich Barbarossa in Erfurt unterwerfen

1184 Mainzer Hoftag mit bis zu 20.000 Besuchern als ein

Höhepunkt kaiserlicher Macht- und Prachtentfaltung

1190 legendenumwobener Tod Barbarossas auf dem Kreuzzug im Fluss Saleph (Göksu) nahe Seleukia (Silifke) in der heutigen Türkei

1190–1197 Barbarossas Sohn Heinrich VI. König

1212–1250 Barbarossas Enkel Friedrich II. König

1250-1254 Barbarossas Urenkel Konrad IV. König

1254-1273 Interregnum mit konkurrierenden Königen, Ende der staufischen Herrschaft

1268 stirbt mit seinem in Neapel hingerichteten Ururenkel Konradin der letzte legitime Nachfahre Barbarossas

Ausgehendes Mittelalter Barbarossa-Sage vom im Berg schlafenden Kaiser, der einst des Reiches Herrlichkeit wieder herstellen wird, bildet sich heraus

19. Jh. Aufstieg der Barbarossa-Sage vom schlafenden rotbärtigen Kaiser im Kyffhäuser zum Nationalmythos

1817 Friedrich Rückerts prägendes Gedicht „Der alte Barbarossa"

1871 nach der deutschen Reichsgründung Verknüpfung der Barbarossa-Sage mit „Reichsgründer" Kaiser Wilhelm I. von Hohenzollern

1896 Einweihung des Kyffhäuserdenkmals auf der einstigen Reichsburg Kyffhausen im Kyffhäusergebirge nahe der Barbarossastadt Bad Frankenhausen

Lesetipps

Knut Görich: Friedrich Barbarossa. Eine Biographie. München 2011.

Knut Görich: Die Staufer. Herrscher und Reich. München 2011 (3. Auflage).

Peggy Große: Das Kyffhäuser-Denkmal. Regensburg 2018 (16. Auflage).

Johannes Laudage: Friedrich Barbarossa. Eine Biographie. Regensburg 2009.

Ferdinand Opll: Friedrich Barbarossa. Darmstadt 2009 (4. Auflage).

Steffen Raßloff: Geschichte Thüringens. München 2020 (2. Auflage).

Ralf Rödger: Der Kyffhäuser. Ein Gebirge, ein Berg, eine Burg, ein Denkmal. Regensburg 2013.

Steffen Raßloff/Lutz Gebhardt
Die Thüringer Landgrafen – Geschichte und Sagenwelt
Band 55 – Rhino Westentaschen-Bibliothek
ISBN 978-3-95560-055-6

des modernen Luftkrieges. Die angloamerikanischen Bomben und der Wiederaufbau in der DDR-Zeit zerstörten einen großen Teil der Kulturdenkmale und historischen Stadtstrukturen. Nach 1990 setzte jedoch eine einzigartige Renaissance ein, die Dresden heute wieder mit seinem rekonstruierten Zentrum um Residenzschloss und Frauenkirche als strahlendes „Elbflorenz“ erlebbar macht.

„Canaletto-Blick“ auf das barocke „Elbflorenz“ von 1748

Bescheidene Anfänge

Die Ur- und Frühgeschichte wirft einige Schlaglichter auf das Leben unserer frühesten Vorfahren. Mit der Steinzeit beginnend entstanden und vergingen durch zahlreiche archäologische Funde fassbare Kulturen. Der epochale Wandel vom Jäger und Sammler zum Ackerbauern und Viehzüchter setzte in der Jungsteinzeit ein. Um 5500 v. Chr. tauchen die ersten sesshaften Bauern im fruchtbaren Raum Dresden auf, die eine Reihe von Spuren hinterlassen haben. Einen weiteren wichtigen Schub mit dichter Besiedlung brachte die Bronze- und Eisenzeit seit der ersten Hälfte des 2. Jahrtausends v. Chr.

Die Besiedlung des Elbe-Saale-Raumes durch die Germanen fand um die Zeitenwende ihren Abschluss. Nach der Völkerwanderung

Im Bereich des heutigen Stadtzentrums mit der Augustusbrücke befand sich die slawische Siedlung Dreždany.

bildete sich ein mächtiges Königreich der Thüringer bis weit ins heutige Sachsen. Nach dessen Untergang 531 ging dieses im Frankenreich auf.

Östlich von Elbe und Saale konnte der hierauf eingewanderte Slawenstamm der Sorben bis ins 10. Jahrhundert seine Unabhängigkeit behaupten. Er unterschied sich von seinen germanischen Nachbarn durch Religion, Sprache und Siedlungsformen. Bis heute erinnern viele Ortsnamen an diese Zeit. An der wichtigen Elbe-Furt im heutigen Stadtzentrum hatte sich die slawische Siedlung Dreždany herausgebildet, was so viel wie Sumpfwald- oder Auwald-Bewohner bedeutet.

Allmählich entstand aus dem östlichen Teil des Frankenreiches unter den sächsischen Ottonen das deutsche König- bzw. Kaiserreich. Seit 929 weitete König Heinrich I. seinen Herrschaftsbereich auf die slawischen Gebiete bis zu Oder und Neiße aus. Dies gilt als Beginn der Ostkolonisation. Damit begann sich auch die slawische Siedlung Dreždany zur deutschen Stadt Dresden zu wandeln.

Die kurfürstliche Residenz

Die 968 im eroberten Slawengebiet eingerichtete Markgrafschaft Meißen markiert den Anfang der sächsischen Landesgeschichte im engeren Sinne. Sie steht auch am Beginn des Aufstiegs der Wettiner, die Dresden zur glanzvollen Residenz erheben sollten. Hierauf verweist unter anderem das seit dem frühen 14. Jahrhundert belegte Dresdner Stadtwappen mit dem schwarzen Meißner Löwen auf goldenem Grund und den „Landsberger Pfählen", die für die ebenfalls einst den Wettinern gehörende Mark Landsberg stehen. 1089 erstmals im Markgrafenamt, bestimmte das alte Adelsgeschlecht von 1123 über acht Jahrhunderte bis hin zur Novemberrevolution 1918 die Geschicke der Stadt.

Das Dresdner Stadtwappen verweist auf die wettinischen Markgrafen von Meißen

Die Wettiner griffen zudem weit über das heutige Sachsen hinaus. Um 1500 beherrschten sie eines der mächtigsten Territorien des Reiches. Als Markgrafen von Meißen erkämpften sie sich die Herrschaft über Sachsen, erwarben 1247 die Landgrafschaft Thüringen und wurden 1423 mit dem Herzogtum Sachsen-Wittenberg sogar in den Kurfürstenstand erhoben.

Fortan führten die Wettiner das Wappen des Herzogtums Sachsen mit dem neunmal Schwarz und Gold geteilten Schild mit grünem Rautenkranz, bis heute das sächsische Landeswappen, und das Schwarz und Silber geteilte Kurwappen mit den gekreuzten roten „Kurschwertern". Beide finden sich an vielen Stellen in der Stadt. 1806 stiegen die Wettiner mit dem Ende des Alten Reiches sogar zu Königen von Sachsen auf.

Künstlerischen Ausdruck gefunden hat diese lange mächtige Ahnenkette im „Fürstenzug", einem Wandbild aus Meißner Porzellanfliesen mit 35 Markgrafen, Herzögen, Kurfürsten und Königen am Stallhof des Dresdener Residenzschlosses. 1876 erstmals als Sgraffito angebracht und 1907 mit Fliesen erneuert, gilt es mit seinen 102 Metern als größtes Porzellanwandbild der Welt. Heute zu den großen touristischen Anziehungspunkten zählend, hatte man bei dem gewaltigen

Kunstwerk seinerzeit in der königlichen Residenz vor allem das bevorstehende 800. Jubiläum der Wettiner 1889 im Auge.

Der Fürstenzug am Stallhof des Residenzschlosses aus Meißener Porzellanfliesen (1907)

Freilich täuscht dies darüber hinweg, dass Dresden erst Jahrhunderte nach dem legendären Markgrafen Konrad dem Großen (reg.

1123–1156), der den Fürstenzug anführt, zum wichtigsten Herrschaftssitz der Wettiner avancierte. Ihr Aufstieg war lange mit seinerzeit weit größeren Städten wie Meißen mit der imposanten Albrechtsburg und der reichen „Silberstadt" Freiberg verbunden. Die prächtigen Dome in Freiberg und Meißen sowie das Kloster Altzella bei Nossen dienten über Jahrhunderte als Grablege der Wettiner.

Erst 1206 trat „Dresdene" mit einer Urkunde Markgraf Dietrichs des Bedrängten ins Licht der schriftlichen Überlieferung. 1216 wird es als „civitas", als Stadt bezeichnet. Im Verlaufe des 13. Jahrhunderts erlangte die wachsende Bürgerschaft mit einem Rat und Bürgermeister an der Spitze kommunale Selbstverwaltung. Symbol hierfür ist der im Stadtmuseum zu bestaunende älteste Ratssiegelstempel mit dem Stadtwappen von 1309. Gaben im Rat zunächst wohlhabende Kaufleute den Ton an, rückten später auch Handwerker auf. Fortan waren es wettinischer Landesherr und Bürgerschaft, die gemeinsam die Entwicklung der Stadt vorantrieben.

Das mittelalterliche Dresden war umgeben mit Mauer, Wassergraben und fünf Stadttoren (Wilsdruffer Tor, Elb- oder Brückentor, Frauentor, Kleine Kreuzpforte, Seetor). Im Zentrum der Handelsstadt befanden sich der Markt (Altmarkt) mit dem frei auf dem Platz stehenden Rathaus und die Kreuzkirche (ursprünglich Nikolaikirche). An letzterer ist seit dem 14. Jahrhundert der weltberühmte Kreuzchor angesiedelt. Als zweites sakrales Zentrum trat das 1272 erstmals erwähnte Franziskanerkloster hinzu, dessen Gotteshaus nach der Reformation zur protestantischen Sophienkirche umgeweiht wurde.

Ältester Ratssiegelstempel von 1309 im Stadtmuseum Dresden

Als Schutz der Siedlung und Herrschaftssitz der Wettiner fungierte die im späten 13. Jahrhundert errichtete Burg am Elbtor. Deren Ausbau zum Schloss begann um 1400 und wurde in der zweiten Hälfte des 15. Jahrhunderts zur Vierflügelanlage erweitert. Die östliche Vorstadt mit der bis um 1000 zurückreichenden Frauenkirche und das bis 1549 unabhängige Altendresden am anderen Elbufer befanden sich bis ins 16. Jahrhundert außerhalb der Stadtbefestigungen. Diese wurden in der Folgezeit mehrfach erweitert und modernisiert. Ihre nahezu komplette Abtragung erfolgte erst Anfang des 19. Jahrhunderts.

Das ebenfalls bis in die Slawenzeit zurückreichende Altendresden mit der Dreikönigskirche fiel 1685 einem verheerenden Stadtbrand zum Opfer. Der besonders unter August dem Starken vorangetriebene barocke Wiederaufbau führte 1732 auch zur Umbenennung in „Neue Stadt bey Dresden", woraus das heutige Neustadt wurde.

Mitte des 13. Jahrhunderts entstand die Elbbrücke, die spätere Augustusbrücke, die 1287 erstmals als Steinbrücke erwähnt wird. Damit stieg die Bedeutung des wettinischen Marktortes als Verkehrszentrum, auch wenn Dresden an der Schwelle zur Neuzeit noch nicht an die wichtigen Handelszentren Mitteldeutschlands heranreichte. Ein Indikator sind die Bevölkerungszahlen um 1500: in Dresden lebten rund 6.000 Einwohner, während Magdeburg 28.000, Erfurt 18.000 und Leipzig 9.000 Bewohner zählten.

Der Aufstieg Dresdens begann mit einer der großen Zäsuren der sächsischen Geschichte, der Leipziger Teilung 1485. Die Wettiner spalteten

Modell der Stadt um 1520 im Stadtmuseum Dresden

ihr Territorium in eine ernestinische und albertinische Linie, wobei Dresden mit der Markgrafschaft Meißen an das Herzogtum Sachsen der Albertiner fiel. Im Fokus stand zunächst das ernestinische Kurfürstentum Sachsen als Schutzmacht der Reformation Martin Luthers.

Im Schatten dieser weltgeschichtlichen Vorgänge rückte Dresden bei allmählicher Verdrängung Meißens unter Herzog Albrecht dem Beherzten (reg. 1485–1500) zur Hauptresidenz der Albertiner auf. Dessen Sohn Herzog Georg der Bärtige (reg. 1500–1539) brachte dies mit dem Georgenbau (1535) als einem der ältesten erhaltenen Teile des Residenzschlosses deutlich zum Ausdruck. Mit dem ersten prächtigen Renaissancegebäude hatte Georg das östlich neben dem Schloss stehende Stadttor zur Elbe ersetzt.

Die neue Rolle Dresdens zeigt sich auch im Rahmen der Reformation. Georg hielt zunächst am katholischen Glauben fest, auch wenn sich in der Bevölkerung lutherisches Gedankengut bis hin zu Adel und Geistlichkeit auszubreiten begann. Luther selbst besuchte 1516 und 1518 Dresden. Er spürte den Stimmungsumschwung, den auch der Herzog trotz harter Strafmaßnahmen nicht verhindern konnte. Georgs Bruder Herzog Heinrich der Fromme (reg. 1539–1541) führte sofort nach seinem Herrschaftsantritt die Reformation ein.

Ein Relief am Altar der Kreuzkirche von 1900 hält den symbolhaften Moment fest, als hier am 6. Juli 1539 erstmals die Messe auf Deutsch gelesen und das Abendmahl unter beiderlei Gestalt gefeiert wurde. Dresden bewahrte fortan seine Bedeutung für den Protestantismus bis

---

Der Georgenbau des Schlosses steht für den Aufstieg Dresdens zur Residenz der albertinischen Wettiner.

hin zum Zentrum der heutigen Evangelisch-Lutherischen Landeskirche Sachsens.

Die Reformationszeit brachte auch das Ende des ernestinischen Kurfürstentums und den Aufstieg Dresdens zur prachtvollen kursächsischen Residenz. Nach der Niederlage gegen Kaiser Karl V. und Herzog Moritz von Sachsen (reg. 1541–1553) in der Schlacht bei Mühlberg an der Elbe am 24. April 1547 gingen Kurwürde und alle nichtthüringischen Gebiete an die Albertiner. Diesen gelang die Entwicklung des Kurfürstentums Sachsen zu einem machtvollen Territorialstaat. Hieran erinnert auch das älteste Denkmal in Dresden. Das Moritzmonument an der Brühlschen Terrasse zeigt Moritz, wie er seinem Bruder und Nachfolger, Kurfürst August I. (reg. 1553–1586), symbolisch das Kurschwert überreicht.

Das Moritzmonument (1555) an der Brühlschen Terrasse

Auf den früh verstorbenen Moritz setzte mit August eine lange Konsolidierung ein. Die Anfänge des frühmodernen Staates mit Regierung,

Verwaltung und Wirtschaftspolitik wurden ausgebaut. Das Verhältnis zur Ständevertretung aus Ritterschaft, Geistlichkeit und Städten blieb konsensorientiert.

August legte trotz sparsamer Amtsführung auch Wert auf Repräsentation, was vor allem der Residenz Dresden zugutekam. Hierzu trug auch die aus dem dänischen Königshaus stammende Kurfürstin Anna bei. An sie erinnert die 1578 als älteste Vorstadtkirche und erster evangelischer Kirchenneubau errichtete Annenkirche.

Allem voran wurde der von Moritz 1548 begonnene prächtige Umbau des Residenzschlosses im Stile der Renaissance 1556 vollendet. Es war sichtbarster Ausdruck der neuen Kurfürstenwürde. Im Großen Innenhof mit seinen Sgraffito-Wandmalereien, die ursprünglich auch die äußere Fassade zierten, prangt ein umlaufender Schriftzug mit den Herrschaftstiteln der Wettiner, denen der der Kurfürsten voransteht.

Spätere Monarchen bauten den Komplex immer weiter aus. 1590 folgten nach Osten das Stallge-

Das Schloss verkörpert den Aufstieg Dresdens zur kursächsischen Residenz.

bäude und der Stallhof. Letzterer fungierte auch als erste Gemäldegalerie (1747–1855), historisches Museum Johanneum (1876–1945) und seit 1956 als Verkehrsmuseum. 1594 entstand südlich der kleine Schlosshof mit dem Torhaus.

Unter Augusts Nachfolger Christian I. (reg. 1586–1591) sorgte ein religionspolitischer Kurswechsel für Spannungen. Für die Bevorzugung des Calvinismus machte man besonders Kanzler Nikolaus Krell verantwortlich. Nach dem frühen Tode des Kurfürsten kehrte Sachsen unter Christian II. (reg. 1591–1611) zum strengen Luthertum zurück. Krell wurde nach zehnjähriger Haft auf der Festung Königstein am 9. Oktober 1601 auf dem Jüdenhof am Neumarkt mit dem Schwert hingerichtet, woran der „Krellstein" („Kr.") im Pflaster erinnert. Die protestantische Führungsmacht im Reich zielte allerdings auf einen Ausgleich der Konfessionen und blieb dem katholischen Habsburger Kaiserhaus in Wien loyal verbunden.

„Krellstein" auf dem Jüdenhof am Neumarkt

Im Dreißigjährigen Krieg 1618–1648 sorgte dies unter Kurfürst Johann Georg I. (reg. 1611–1656) für einen erheblichen Ansehensverlust. Der trinkfreudige „Bierjörgel“ bekam von protestantischer Seite nach dem Prager Aufstand 1618 und dem Tode von Kaiser Matthias 1619 die Königswürde von Böhmen und die Kaiserkrone angetragen. Johann Georg lehnte das Angebot jedoch ab. Er unterstützte stattdessen Kaiser Ferdinand II. und dessen gegenreformatorische Politik in Böhmen.

Der große Reichtum der Kurfürsten, der sich besonders den Silberbergwerken des nahen Erzgebirges verdankte, floss nicht zuletzt in die meist aus Sandstein der Sächsischen Schweiz errichteten Prachtbauten ihrer Residenz Dresden, in zahlreiche Kunstschätze und das Kulturleben. Hierzu zählte die eine große Tradition entwickelnde Musik.

Schon Kurfürst August hatte die prächtige neue Schlosskapelle am Herzen gelegen. Hier wirkte 1617–1657 mit Hofkapellmeister Heinrich Schütz einer der profiliertesten Musiker seiner Zeit. Er gilt als bedeutender Komponist geistlicher Musik und Schöpfer der ersten deutschen Oper „Dafne“ (1627). 1737 unter August dem Starken geschlossen und umgebaut, hat man die Kapelle beim Wiederaufbau des Schlosses seit 1986 rekonstruiert.

Die Kurfürsten Johann Georg II. (reg. 1656–1680), Johann Georg III. (reg. 1680–1691) und

Johann Georg IV. (reg. 1691–1694) herrschten im Zeichen des Absolutismus. Johann Georg II. gilt als erster sächsischer Barockfürst, der für Musik, Theater und Literatur sehr aufgeschlossen war,

Der Große Garten mit Barockpalais geht auf Kurfürst Johann Georg II. zurück.

die Kunstsammlungen bereicherte und Dresdens Ausstrahlung als jetzt rund 20.000 Einwohner zählende Residenz baulich und mit aufwändiger Hofhaltung beförderte. Sein nachhaltigster Beitrag

war die Anlage des Großen Gartens mit seinem Barockpalais (1683). Auch die markante barocke Bekrönung des Hausmannsturms des Residenzschlosses (1676) geht auf ihn zurück.

All dies sollte die politische Bedeutung Kursachsens in einer Zeit unterstreichen, in der kulturelle Repräsentation immer wichtiger wurde. Aber auch militärische Stärke war weiter gefragt. Johann Georg III. gelang 1682 die Einrichtung eines stehenden Heeres als wichtiges fürstliches Machtinstrument. Der Monarch trat als Feldherr hervor und stand dem Habsburger-Kaiser Leopold bei der Belagerung Wiens durch die Türken 1683 als „sächsischer Mars“ erfolgreich bei. Hieran erinnert vor dem Johanneum der 1616 erbaute und mehrfach umgewidmete „Türkenbrunnen“ („Friedensbrunnen“) mit der Siegesgöttin Victoria.

Der Hausmannsturm des Dresdner Schlosses

Das Augusteische Zeitalter

Mit Kurfürst Friedrich August I. (reg. 1694–1733), besser bekannt als August der Starke, begann das „Augusteische Zeitalter". Der ehrgeizige Wettiner strebte nach Macht- und Prestigegewinn. Im Zeitalter des Absolutismus, in dem „Sonnenkönig" Ludwig XIV. in Versailles als Vorbild diente, musste dies eine souveräne Königskrone bedeuten.

1697 konnte sich der Kurfürst in Warschau zum König von Polen wählen und in Krakau als August II. krönen lassen. Auch Kurfürst Friedrich August II. (reg. 1733–1763), Sohn Augusts des Starken, konnte die polnische Königskrone als August III. erlangen. Viele Bau- und Kunstdenkmale in Dresden erinnern an die Zeit der Kurfürsten-Könige, etwa das prachtvolle Kronentor des Zwingers. Nicht nur im Residenzschloss ist das Wappen Sachsen-Polens mit dem polnischen Adler, dem litauischen „weißen Ritter" und dem sächsischen Kurwappen an vielen Stellen anzutreffen.

Macht- und wirtschaftspolitisch erfüllte der Erwerb Polens allerdings nicht die Erwartungen. Zeitweise musste August der Starke sogar nach militärischen Niederlagen gegen die Schweden auf seine Krone verzichten. Erhebliche Kriegs-

Der „Türkenbrunnen“ erinnert an Kurfürst Johann Georg III.